Strategischer Wandel bei der Gesundheits- und Medizintechnik AG anhand eines Fallbeispiels

Lukas Eckert

Bibliografische Information der Deutschen Nationalbibliothek:

Die Deutsche Nationalbibliothek verzeichnet diese Publikation in der Deutschen Nationalbibliografie; detaillierte bibliografische Daten sind im Internet über http://dnb.d-nb.de abrufbar.

ISBN: 9783346683847
Dieses Buch ist auch als E-Book erhältlich.

© GRIN Publishing GmbH
Nymphenburger Straße 86
80636 München

Druck und Bindung: Books on Demand GmbH, Norderstedt Germany
Gedruckt auf säurefreiem Papier aus verantwortungsvollen Quellen

Das vorliegende Werk wurde sorgfältig erarbeitet. Dennoch übernehmen Autoren und Verlag für die Richtigkeit von Angaben, Hinweisen, Links und Ratschlägen sowie eventuelle Druckfehler keine Haftung.

Das Buch bei GRIN: https://www.grin.com/document/1247973

Deutsche Hochschule für
Prävention und Gesundheitsmanagement
Hermann-Neuberger-Sportschule 3
66123 Saarbrücken

Hausarbeit

Name, Vorname	Eckert, Lukas
Studiengang	MBA – Sport-/ Gesundheitsmanagement
Studienmodul	Strategisches Management II
Datum Präsenzphase (siehe Ergebnisdokumentation)	13.12 – 15.12.2021
Aufgabe	Strategischer Wandel bei der Gesundheits- und Medizintechnik AG

Inhaltsverzeichnis

1 Bodo Müllers Plan

Bodo Müller ist der Marketing Direktor der Abteilung Vertrieb des Unternehmens Gesundheit- und Medizintechnik AG in Deutschland. Er plant einen Strategiewandel. Die folgende Arbeit befasst sich mit seinem Plan.

1.1 Gründe für den Wandel

Für den Wandel in der Gesundheits- und Medizintechnik AG hatte Bodo Müller veschiedene Gründe.

Durch die geringe staatliche Finanzierung von Krankenhäusern, muss mit dem Budget der Krankenhäuser bedacht umgegangen werden. Aus diesem Grund werden keine neuen medizinischen Geräte angeschafft, sondern die alten Geräte werden nur instand gehalten.

Zudem ist ein weiterer Grund die Abnahme der Entscheidungsgewalt. Die Kaufentscheidung liegt nicht mehr bei den Ärzten selbst, sondern bei der Krankenhausadministration und der Einkaufsabteilung. Die Entscheidung wird nicht nach dem eigentlichen Nutzen für das Krankenhaus, sondern nach ökonomischen Gründen gefällt.

Ein weiterer Grund für den Wandel ist die geteilte politische Meinung. Die Entscheidung ob einer Erhöhung für weitere Gesundheitsausgaben stattgegeben wird oder dieser entgegenzuwirken. Diese Entscheidung ergibt sich aus der niedrigen Wachstumsrate, welche sich aus dem geringen Bevölkerungswachstum und dem niedrigen Wachstum des Bruttoinlandsproduktes zusammen setzt.

1.2 Aspekte des Strategiewandels

Bodo Müller sieht verschiedene Aspekte für einen Strategiewandel. Als erstes möchte er die Marketingstrategie der Gesundheit- und Medizintechnik AG verändern. Der Grund hierfür ist eine neue Zielgruppe, das sogenannte „C-Level". Dies besteht aus Geschäftsführer, Bereichsleiter, sowie der CEO, der FCO und der CIO. Investitionen von Marketing und Verkauf sollen auf die Bedürfnisse und Herausforderungen dieser Zielgruppe angepasst werden.

Einen weitereren Grund für diesen Wandel sieht Müller in dem Kaufverhalten. Das Kaufverhalten wird sich laut Müller auf Dauer verändern. Um den Strategiewandel zu initiieren ist ein ganzheitliches Konzept nötig, welches das Kaufverhalten beeinflussen soll.

In den Krankenhäusern ist die Effizienz ein sehr wichtiger Punkt. Um neue Geräte zu verkaufen muss Die Gesundheit- und Medizintechnik AG eine ganzheitliche Lösung anbieten um die Effizienz in den Krankenhäusern zu verbessern. Zu diesen einzelnen Produkten sollen auch entsprechende Dienst- und Serviceleistungen angeboten werden.

Ein letzter Aspekt für den Strategiewandel sieht Müller im Budget. Die Budgetplanung soll neu geplant werden. Das Budget für die neue Marketingstrategie möchte Bodo Müller aus den Budget jedes Vizepresidenten nehmen. Diese sollen nun einen Teil ihres Marketingbudgets in das Marketing des neuen C-Level abgeben.

1.3 Barrieren und Widerstände

Bodo Müller kann mit seinem Plan auf Barrieren und Widerstände stoßen. Mögliche Barrieren und Widerstände werden im Folgenden erläutert. Bezogen wird sich hier auf die Vision, Menschlichkeit, Management sowie Ressourcen.

Vision:
Bodo Müller konnte die Beteiligten nicht überzeugen und seine Vision somit nicht übermitteln. Seine Vision hatte für keinen der Beteiligten einen emotionalen Grund. Dadurch fehlte die Motivation die Strategieimplementierung umzusetzen zu wollen. Anstatt die Vision nur vorzugeben, wäre es besser eine Vision mit den Beteiligten gemeinsam zu erarbeiten.

Menschlichkeit:
Für die richtige Strategieimplementierung fehlt Bodo Müller die nötige Emotion als Antrieb. Durch sein rationales Handeln konnte er die Vizepräsidenten nicht emotional ansprechen und somit auch nicht mitreißen. Ein emotionaler Antrieb/Grund muss für jeden Beteiligten gegeben sein, sodass die nötige Motivation für einen Wandel für jeden vorhanden ist.

Management:

Bodo Müller hat in seinem Plan nicht direkt die Geschäftsführung mit einbezogen. Für eine Umsetzung muss diese integriert werden, da so die Kommunikation an weitere Beeiligte vereinfacht wird. Eine zusätzliche Barriere besteht darin, dass ab sofort geschäftsübergreifend gearbeitet werden soll. Dadurch sollen ganzheitliche Konzepte am Markt verwirklicht werden. Für diese Umsetzung benötigt Bodo Müller ein komplett neues Managementsystem.

Ressourcen:

Das vorhandene Budget, das Bodo Müller zur Verfügung hat, ist nicht ausreichend für die Umsetzung des Strategiewandels. Das fehlende Budget möchte er von den Vizepräsidenten beziehen um so eine ausreichende finanzielle Ressource zu haben.

2 Change Management

2.1 Gründe für Scheitern

Am Beispiel des 8 Stufen Modells nach Kotter werden vier Gründe für das Scheitern von Bodo Müllers Wandel genannt. Folgend werden die Gründe anhand der verschiedenen Stufen erläutert.

Stufe 2: Aufbauen einer Führungskoalition
Bodo Müller hatte den Plan, eine Arbeitsgruppe aus verschiedenen Unternehmensbereichen zu formen. Dies ist daran gescheitert, dass nicht alle Beteiligten zur Kick-Off-Veranstaltung anwesend waren. Die Personen, die anwesend waren, konnten nicht überzeugt werden.

Stufe 3: Entwickeln einer Vision und Strategie
Bodo Müller hatte die Vision etwas zu verändern, doch es gab keine ausführlich ausgearbeitete Strategie. Aus diesem Grund konnten die Vizepräsidenten nicht emotional, sowie sachlich überzeugt werden. Eine mit den Mitarbeitern gemeinsam ausgearbeitete Strategie wäre an dieser Stelle sinnvoller gewesen, da so die Mitarbeiter auch emotional angesprochen werden.

Stufe 6: Kurzfristige Erfolge erzielen

Die von Bodo Müller erstellte Arbeitsgruppe konnte in einer dreimonatigen Bearbeitungszeit keine nennenswerten Ergebnisse liefern. Dieser Zeitraum war zu lange für das geplante Ziel. Kleinere Teilziele fehlten um die Arbeitsmoral aufrecht zu erhalten.

Stufe 7: Erfolge weiter ausbauen und Veränderungen einleiten

Bodo Müller wollte schnell zu viel erreichen. Aufgrund der mangelnden Ergebnisse seiner Arbeitsgruppe und den ausbleibenden Veränderungen war dies jedoch nicht der Fall.

2.2 Veränderungen meistern

Change ist kein Selbstzweck. Langfristig erfolgreich bleiben Unternehmen nur dann, wenn Sie wie ihre Umwelt in Bewegung bleiben, sich immer wieder erfolgreich verändern. Und wenn es ihnen gelingt, im richtigen Moment an den richtigen Stellschrauben zu drehen (Schmutte und Schuller, 2017).

Kotters 8 Beschleuniger Modell eignet sich gut um Veränderungen meistern zu können. Folgend wird das 8 Beschleuniger Modell nach Kotter auf die Fehler von Bodo Müller bezogen und erläutert, was Bodo Müller hätte anders machen können. Ein erfolgreicher Change ist abhängig von zwei wesentlichen Faktoren. Zum einen muss ausreichend Motivation entwickelt werden, um Hemmnisse und bestehende Strukturen überwältigen zu können. Zum anderen ist ein Change nur effektiv wenn das Leadership qualitativ hochwertig arbeitet (Mayer, 2011).

Stufe 1: *Gefühl der Dringlichkeit für eine bedeutende Chance wecken*

Die Grundvoraussetzung um einen Wandel zu initiieren ist, dass die Mehrheit der Mitarbeiter die angestrebten Veränderungen verinnerlicht und diese aktiv unterstützt.

Daher sollte der erste Schritt des Change Managements stets darin bestehen, die Mitarbeiter von der Notwendigkeit und Dringlichkeit der Veränderungen zu überzeugen (Evolutionizer, 2014).

Die Einladung zum ersten Meeting hätte Bodo Müller an alle Mitarbeiter der Gesundheits- und Medizintechnik AG senden müssen. Außerdem hätte er die anwesenden Personen nicht nur sachlich, sondern emotional ansprechen müssen.

Stufe 2: Aufbau und Pflege einer lenkenden Koalition

Es wurde nie ein Leistungsteam aus allen Unternehmensbereichen ernannt. Es wurden lediglich potentielle und ausgewählte Mitarbeiter angesprochen, die für Bodo Müller in Frage kamen. Sinnvoll ist es hier Mitarbeiter aus allen Bereichen des Unternehmens mit einzubeziehen, auch die Führungskräfte sollten mit einbezogen werden.

Nach (Evolutionizer, 2014) sollte dieses Team über ausreichend Machtbefugnisse, Glaubwürdigkeit, Sachkenntnis und Führungsqualitäten verfügen und gemeinsame Ziele innerhalb des Veränderungsprozesses verfolgen um effektiv agieren zu können.

Stufe 3: *Formulierung einer strategischen Vision und Entwicklung von Change-Initiativen*

Bodo Müller hat die Ziele und deren Strategien vorgegeben, dadurch konnte sich kein Mitarbeiter damit identifizieren. Müller hätte mit der gesamten Arbeitsgruppe die Ziele definieren und die Strategien erarbeiten müssen. Jeder Mitarbeiter hätte seine persönliche Meinung mit einbringen können und hätte dadurch auch einen persönlichen/emotionalen Bezug zu der erarbeiteten Strategie.

Stufe 4: *Kommunikation der Vision und der Strategie, um Unterstützung und Freiwillige zu gewinnen*

Als nächstes gilt es, die im vorangegangen Schritt entwickelte Vision in der gesamten Organisation zu verbreiten, mit dem Ziel, die Akzeptanz und das Engagement der Mitarbeiter zu gewinnen. Der Aufwand, der hierfür nötig ist, wird von den meisten Unternehmen völlig unterschätzt (Evolutionizer, 2014).

Jedem Beteiligetn muss klar werden, welche Bedeutung die Vision hat und warum der Aufwand betrieben wird. Wird dies nicht klar kommuniziert fehlt die Akzeptanz und der Wille den Wandel anzutreiben.

Stufe 5: *Beseitigung von Hindernissen, um ein rasches Vorankommen zu ermöglichen*

Es müssen auch die innerbetrieblichen Strukturen und Systeme an die Anforderungen der neuen Vision und Strategie angepasst werden, um die Mitarbeiter handlungsfähig zu machen. Neben den Personalsystemen spielen hierbei insbesondere die Informationssysteme eine wichtige Rolle (Evolutionizer, 2014).

Die Mitarbeiter benötigen ihren Handlungsspielraum um die Vision und die Strategie umsetzten zu können. Nur so können Sie sich wirklich mit in das Geschehen einbringen.

Stufe 6: *Zelebrieren von schnellen, bedeutenden Erfolgen*
Das Ziel von Bodo Müller wurde auf drei Monate gesetzt. Nach dieser Zeit konnten keine nennenswerten Ergebnisse geliefert werden. Das Ziel hätte in kleine Etappen aufgeteilt werden sollen. Wöchentliche oder tägliche Ziele wären sinnvoller gewesen, da man einen schnelleren Erfolg verspüren kann. Wenn ein Ziel nicht erreicht wird kann schneller eingegriffen und die Strategie angepasst werden.

Studien zeigen, dass Unternehmen, die signifikante kurzfristige Erfolge einfahren, mit deutlich höherer Wahrscheinlichkeit den Transformationsprozess erfolgreich zum Abschluss bringen (Evolutionizer, 2014).

Stufe 7: *Nicht nachlassen, stets weiter lernen und nicht zu früh den Sieg ausrufen*
Man darf sich nicht auf kleinen Erfolgen ausruhen und das Vorhaben nicht zu früh als Erfolg abstempeln.
Dadurch, dass die kurzfristigen Ziele von Bodo Müller nicht erreicht wurden, sinkt das Vertrauen in das ganze Vorhaben. Müller muss jetzt daruf achten, dass seine Mitarbeiter stets motiviert bleiben und die kurzfristigen Erfolge zelebrieren.
Nun kann er die durch die kurzfristigen Erfolge geschaffene Glaubwürdigkeit gezielt nutzen, um weitere und größere Veränderungsprojekte in Angriff zu nehmen.

Stufe 8: *Institutionalisierung des strategischen Wandels in der Unternehmenskultur*
Zu guter Letzt müssen die neuen Verhaltensnormen und gemeinsame Werte tief in die Unternehmenskultur verankert werden. Anderenfalls besteht die Gefahr, dass sie wieder verloren gehen, sobald der Änderungsdruck abnimmt (Evolutionizer, 2014).

Bodo müller muss jetzt darauf achten, dass jeder im Unternehmen weiterhin nach den neuen Werten arbeitet. Es empfielt sich, immer wieder anzusprechen, wie sich das Unternehmen seit dem Wandel positiv verändert hat. Zudem muss darauf geachtet werden, dass neue Mitarbeiter und angehende Führungskräfte an die neue Ausrichtung glauben und diese auch nach außen hin verkörpern.

3 Strategieimplementierung

3.1 Durchsetzung

3.1.1 Vermittlung der Strategie

Bodo Müller braucht die Unterstützung jedes einzelnen Mitarbeiters für die Umsetzung der Strategie. Es reicht nicht aus nur die Unterstüzung der CEO und der Vizepräsidenten der sieben Produktlinien zu haben. Müller muss das Verständnis und die Akzeptanz jedes einzelenen Mitarbeiter gewinnen. Dies geschieht am besten über Mitarbeitergespräche und regelmäßigen Meetings. Jeder Zweifel und jede Angst in Bezug auf den Wandel muss den Mitarbeitern genommen werden. So erhält Bodo Müller die vollständige Unterstützung zur Implementierung einer neuen Marketingstrategie.

3.1.2 Einweisung und Schulung

Es sollen neue ganzheitliche Konzepte erstellt werden, dafür benötigt es strukturierte Betriebsabläufe. Die neue Marketingstrategie wird an die Bedürfnisse der CEO und CFO angepasst. Es gibt sieben Produktlinien, dadurch muss beachtet werden, dass abteilungsübergreifende Schulungen und Weiterbildungsmaßnahmen durchgeführt werden. Jede Arbeitsgruppe wird durch eine Führungskraft geleitet. Diese Führungskraft hat zur Aufgabe die Vizepräsidenten der Marketingabteilung in die Weiterbildungsmaßnahmen zu integrieren. Wichtig ist hier, dass kritisch hinterfragt wird, ob die Kompetenzen der Mitarbeiter ausreichend sind. Ist dies nicht der Fall benötigt es Weiterbildungsmaßnahmen oder es ist eine Personalbeschaffung notwendig.

3.1.3 Schaffung eines strategiebezogenen Konsens

Während einer Strategieimplementierung kann es zu verschiedenen Konflikten kommen. Diese können Zielkonflikte zwischen den jeweiligen Unternehmensbereichen sein, jedoch auch persönliche Konflikte zwischen den einzelnen Mitarbeitern.

Eine reibungslose Strategieimplementierung ist nur dann möglich, wenn schon vorab ein sinnvoll geplantes Konfliktmanagement erstellt wurde. Für Bodo Müller empfielt sich das Partizipationsmodell zur Implementierung einer neuen Strategie. Dadurch kann das kreative Potential der Mitarbeiter ausgeschöpft werden. Zusätzlich wird eine breite Informationsbasis genutzt und die Motivation der Mitarbeiter ist hoch.

3.2 Umsetzung

3.2.1 Transformation

Das Ziel ist die Transformation von strategsischen Entscheidungen in konkrete Handlungen umzusetzen. Als erstes muss ein IST-Zustand ermittelt werden, folgend muss der gewünschte SOLL-Zustand anhand von Plänen und Zielen dokumentiert werden. Beim Dokumentieren von Zielen ist darauf zu achten, dass Ziele immer einen Inhalt, Ausmaß und Zeitmanagement benötigen.

Diese Ziele müssen von einem Verantwortlichen genau gesteuert, kontrolliert und gegebenenfalls geändert werden.

Für jedes Ziel sollte mindestens eine Person zuständig sein. Diese Person ist verantwortlich für die Umsetzung und das Erreichen des Ziels. Eine konkrete Planung wie aus dem IST-Zustand der gewünschte SOLL-Zustand wird ist unabdingbar. Sollte frühzeitig erkannt werden, dass das Ziel nicht erreicht wird, so muss die Strategie angepasst werden. Bodo Müller sollte sich hinsichtlich der Ziele auf die Bereiche der Marketingstrategie und der Planung einer neuen Führungsebene konzentrieren. Dies sind in erster Linie die wichtigsten Punkte für ihn.

3.2.2 Anpassung

Im Rahmen der Anpassung kommt es zur entsprechenden Ausgestaltung der Organisationsstruktur, Unternehmenskultur und der Managementsysteme (Kreikebaum et al. 2018, S. 178-188) sowie dem Verändern der Menschen (Mahnke et al. 2010, S. 223-227).

Zuerst müssen die Organisationspotentiale der Gesundheits- und Medizintechnik AG angepasst werden. Eine Dokumentation welche Aufgaben das Unternehmen leisten muss, damit der Kunde seine Leistung erhält ist von enormer Bedeutung. Ab sofort entscheiden nicht mehr die Vizepräsidenten der einzelnen Produktlinien über das Marketing, sondern eine neue Arbeitsgruppe die geschäftsübergreifend agiert. Die Aufagben müssen neu verteilt und angeleitet werden.

Als Nächstes müssen die Unternehmenspotentiale angepasst werden. Der Plan ist es ein ganzheitliches Konzept zu verkaufen. Die nötigen Ressourcen für das Unternehmen müssen ermittelt werden. Es muss dargestellt werden, ob das Unternehmen über die nötigen

Ressourcen verfügt oder neue benötigt werden. Die Wertschöpfung des Produktes sollte bei dieser Frage immer an erster Stelle stehen. Bestimmte Ressourcen sind notwendig, um die optimale Wertschöpfung des Produktes zu gewährleisten.

Eingehend mit der Wertschöpfung sollte man auch die Unternehmenskultur nicht aus dem Fokus lassen. Die notwendige Qualifikation der Mitarbieter ist sehr wichtig. In der Gesundheits- und Medizintechnik AG wird geschäftsübergreifend gearbeitet. Jeder Mitarbeiter muss über abteilungsübergreifende Qualifikationen verfügen um seine Arbeit entsprechend erfüllen zu können.

Durch die Neustrukturierung des Managements entscheidet das sogenannte „C-Level" über das Marketing und nicht mehr die Krankenhausärzte. Das neu strukturierte Management muss nun an alle Mitarbeiter kommuniziert und von ihnen verinnerlicht werden.

3.2.3   Motivierung und Mobilisierung

Insbesondere der Motivierung und Mobilisierung der Mitarbeiter kommt eine besondere Aufgaben zu, da es während der Umsetzungsphase zu einem oder mehreren „Durchhängern" kommen kann (Haake und Seiler, 2012).

Bodo Müller muss darauf achten, dass die Motivation seiner Mitarbieter während des gesamten Implementierungsprozesses aufrecht erhalten bleibt. Nur so bleiben die Mitarbeiter gewillt den Prozess umzusetzen.

Einen emotionalen Wert für die Mitarbeiter zu schaffen ist von großer Bedeutung. Dadurch haben die Mitarbeiter einen persönlichen Bezug zu dem Prozess und bleiben dauerhaft motiviert das Ziel zu erreichen.

Um immer wieder kleine Erfolge zelebrieren zu können muss Bodo Müller kleine Teilziele setzen. Die Mitarbeiter sollten zudem eigene Ziele definieren jedoch auch die Unternehmenziele kennen und mit gestalten können. Die Integration in den Unternehmensalltag für die Beteiligten ist ein wichtiger Punkt um den Wandel zu verinnerlichen und dauerhaft motiviert zu bleiben.

4 Balanced Scorecard

4.1 Ursache-Wirkungskette

Nachfolgend wird die Ursache-Wirkungskette der Gesundheits- und Medizintechnik AG abgebildet.

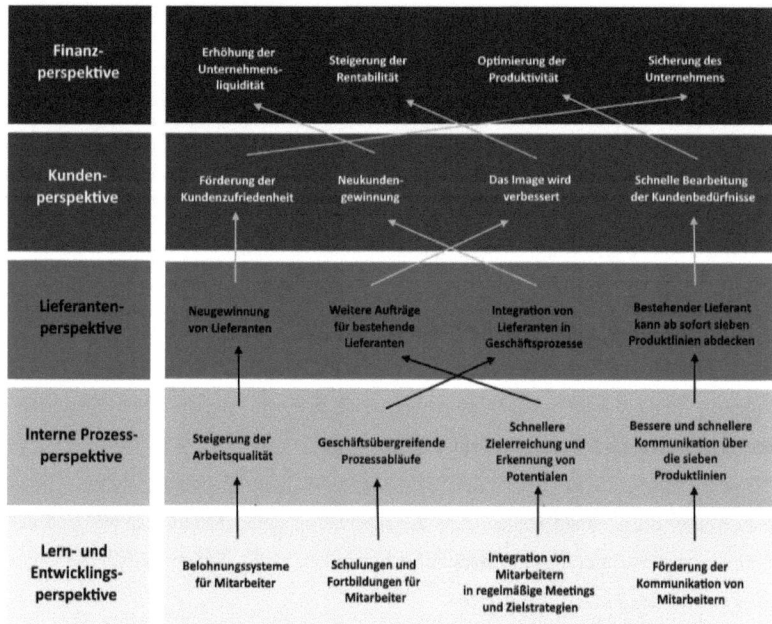

Abb. 1: Ursache-Wirkungskette der Gesundheits- und Medizintechnik AG (eigene Darstellung)

4.2 Festlegung Ziele, Kennzahlen, Vorgaben und Manahmen

Nachfolgen wird das Konzept der Balanced Scorecard für die Gesundheits- und Medizintechnik AG tabellarisch aufgeführt.

Tab. 1: Die Balanced Scorecard der Gesundheits- und Medizintechnik AG (eigene Darstellung)

	Ziel	Kennzahl	Vorgabe	Maßnahme
Finanzielles Ziel	Rentabilität	Umsatzrentabilität in %	Steigerung der Umsatzrentabilität von 8% auf 10%	Senken der Kosten und Steigerung der Umsätze

Kundenper-spektive	Ausbau des Kundenstamms (Neu-kundengewin-nung)	Kundenzahl	+12% Neukunden	Neukundenge-winnung durch neue Marke-tingstrategie
Lieferantenper-spektive	Neue Lieferanten gewinnen	Anzahl der Liefe-ranten	2 neue Lieferanten beauftragen	Optimierung der Lieferkette, Fehler korrigieren, neue Lieferanten dazugewinnen
Interne Prozess-perspektive	Aufbauen einer Kostenstruktur	Kostenanalyse	Senkung der Kosten um 5%	Dokumentation aller Kosten, Maßnahmen zur Senkung der Kosten erarbeiten
Lern- und Ent-wicklungsphase	Verbesserung der Qualifikation der Mitarbeiter	Schulungen/Wei-terbildungen pro Mitarbeiter	4 weitere Schulun-gen/Weiterbildun-gen pro Mitarbeiter (auch ge-schäftsübergrei-fend)	Interne und ex-terne Schulungs- und Weiterbil-dungsmaßnah-men anbieten

5 Unternehmensethik

Im folgenden Abschnitt geht es um ein Unternmehmen, das mehrfach durch einen Skandal und ein nicht wertekonformes Verhalten aufgefallen ist.

5.1 Praxisbeispiel

91 Milliarden Franken Umsatz, 300 000 Mitarbeiter, mehr als 2000 Marken, täglich mehr als eine Milliarde Konsumenten - das ist Nestlé. Der weltgrößte Nahrungsmittelkonzern mit Sitz im schweizerischen Vevey prägt seit gut 150 Jahren, was viele Menschen rund um den Globus essen und trinken (Liebrich und Pfaff, 2019).

Ob blei-haltige Maggi-Nudeln oder einem Milchpulver-Skandal, Nestlé steht schon lange in der Kritik. Doch den größten Skandal erreichte Nestlé durch das Geschäft mit dem Trinkwasser (Grimm, 2015).

Der 2021 enstandene Dokumentarfilm „Bottled life" und berichtet über den Wasserskandal von Nestlé. Das Wasser, das aus Schwellen- und Entwicklungsländern stammt verkauft Nestlé als „Nestlé Pure Life". Dieses Wasser ist tatsächlich nur gereinigtes Grundwasser, angereichert mit einem Mineralienmix nach Nestlé-Rezept. Heute ist Pure Life bereits das meistverkaufte Flaschenwasser der Welt (W-film Distribution, 2012).

Der Vorwurf, dass Nestlé das Wasser genau dort abnimmt, wo es ohnehin schon knapp ist, besteht nicht ohne Grund. Der Schweizer Journalist Res Gehriger reiste nach Pakistan, das Nestlé als Testmarkt diente. Der Grundwasserspiegel ist seit dem Bau der Fabrikanlage rapide gesunken. Das Wasser aus den einheimischen Brunnen ist mittlerweile nicht mehr genießbar. In Südafrika besitzt Nestlé schon 11 verschiedene Standorte an denen Wasserknappheit herrscht (Handelsblatt, 2019). Die Slumbewohner rund um die Fabriken leben inmitten von Müll, Ratten Toiletten ohne Wasseranschluss und ohne fließendes Trinkwasser (Experte für Persönlichkeits- & Team-Architektur, 2019). Die Familien in den Slums von Lagos wenden die Hälfte ihres Budgets dafür auf, Wasser in Kanistern zu kaufen. Die Oberschicht trinkt Pure Life (W-film Distribution, 2012).

Nestlé reagiert auf die Vorwürfe. „Die Behauptung, Nestlé sei gegen ein Menschenrecht auf Wasser, ist ebenso falsch wie die Unterstellung, Nestlé sei für sinkende Grundwasserspiegel in Pakistan verantwortlich" (Nestlé 2021b).

5.2 Unternehmenswerte

In der folgenden Tabelle werden die Unternehmenswerte des Konzerns Nestlé dargestellt. Auf der Internetseite des Konzerns werden 14 Grundsätze der Geschäftstätigkeit aufgelistet (Nestlé 2021a).

Tab. 2: Unternehmenswerte von Nestlé (eigene Darstellung)

	Unternehmenswert	Beschreibung
1	Ernährung, Gesundheit und Wellness	Die Lebensqualität der Kund:innen in aller Welt verbessern durch geschmackvolle und gesündere Lebensmittel und sie zu einem gesünderen Lebensstil anregen.
2	Qualitätssicherung und Produktsicherheit	Garantierte Sicherheit und hohe Qualität der Produkte.

3	Verbraucherkommunikation	Verantwortungsvolle, zuverlässige Kommunikation, die den Konsumenten eine sichere Wahl ermöglicht und eine gesündere Ernährung fördert.
4	Menschenrechte	Respekt und Förderung der Menschenrechte in Übereinstimmung mit den Leitprinzipien der Vereinten Nationen und den zehn Prinzipien des UN Global Compact.
5	Diversität und Inklusion	Einbeziehung aller Gemeinschaften, Kulturen und Altersgruppen in die Belegschaft.
6	Sicherheit und Gesundheit am Arbeitsplatz	Arbeitsbedingte Unfälle, verletzungen und Krankheiten vermeiden. Mitarbeiter:innen und Auftragnehmer:innen sollen geschützt werden.
7	Verantwortungsvolle Beschaffung	Umsetung nachhaltiger landwirtschaftlicher Praktiken: nachhaltige Lebensgrundlagen schaffen, CO_2-Ausstoß reduzieren, biologische Vielfalt schützen natürliche Ressourcen erhalten und wiederauffüllen
8	Kund:innen und Geschäftspartner:innen	Erwarten Ehrlichkeit, Integrität, Fairness und die Einhaltung der Standards. Der Konzern handelt selbst so.
9	Umweltverträglichkeit	Umweltverträgliche Geschäftspraktiken: recycelbare oder wiederverwendbare Verpackungsmaterialien, Lebensmittelverluste und -verschwendung reduzieren, Erkunden von zirkulären Geschäftsmodellen
10	Ethik und Integrität	Nestlé Code of Business Conduct: Integrität, Einhaltung von Gesetzen, Interessenskonflikte, Kartellrecht und faires Geschäftsverhalten, Bestechung, Korruption (UNGC-Prinzip 10), Diskriminierung und Belästigung sowie korrekte Berichterstattung und Buchführung.
11	Datenschutz und ethisches Datenmanagement	Schutz von personenbezogenen Daten und der Privatsphäre im globalen Datenschutzprogramm des Konzerns.
12	Interne Interaktion und Kommunikation	Inspirierendes, innovatives, transparentes Arbeitsumfeld. Jede:r Mitarbeiter:in wird respektiert und hat die Freiheit sich zu engagieren, betätigen und Beiträge zu leisten.
13	Externes Engagement und Interessenvertretung	Zusammenarbeit mit Behörden in Bezug auf die Entwicklung und Umsetzung der öffentlchen Ordnung zu transparenten und verantwortungsvollen Interaktionen.
14	Überwachung und Berichterstattung	Die Unternehmensstandards werden von CARE- und internen Prüfer:innen regelmäßig kontrolliert.

5.3 Wertebruch

Nestlé beschreibt die Unternehmenswerte auf der eigenen Internetseite zur Achtung der Menschenrechte (Nestlé, 2021a). Im Dokumentarfilm „Bottled Life" und auf der Internetseite der Filmemacher wird gezeigt, dass Nestlé das eigene Image versucht zu pflegen (W-film Distribution, 2012). Der Nestlé-Stratege Peter Brabeck prägt das Bild des Konzerns bezüglich des Themas Wasser.

Zudem spricht der Konzern über eine „Verantwortungsvolle Beschaffung" (Nestlé 2021a). Die Nutzung der Ressourcen in der Umgebung der Fabriken ist alles andere als nachhaltig und verantwortungsvoll. Wie in Bottled Life zu sehen nimmt Nestlé den anliegenden Menschen die Wasserressourcen. Die Bewohner müssen sich das Wasser kaufen, da keine Wasserquelle mit genießbarem Wasser für sie zur Verfügung steht (W-film Distribution, 2012).

Das Geschäftsmodell von Nestlé wird als umweltschonend präsentiert, jedoch zeigt die Realität eine andere Situation. Die Bewohner rund um die Fabriken leben in Slums. Sie leben inmitten von Müll, Ratten Toiletten ohne Wasseranschluss und ohne fließendes Trinkwasser (Experte für Persönlichkeits- & Team-Architektur, 2019). Im Testgebiet in Pakistan verbraucht Nestlé so viel Wasser, dass der Grundwasserspiegel rapide sinkt. Die Menschen dort haben kein sauberes Wasser und durch diesen Wassermangel kann die Landwirtschaft nicht ausgebaut werden (W-film Distribution, 2012).

5.4 Konsequenzen

Die Skandale des Konzerns hat Konsequenzen für interne, als auch externe Stakeholder. Im Folgenden werden zwei Beispiele der jeweiligen Stakeholdern dargestellt.

5.4.1 Konsequenzen der internen Stakeholder

Die Skandale des Konzerns haben mehrere Folgen. Nicht nur die Konsumenten und Kooperationspartner können sich von Nestlé distanzieren, sondern auch die eigenen Mitarbeiter. Dies hätte zur Folge, dass das Unternehmen einen großen Personalverlust hätte. Mitarbeiter, die in den jeweiligen Geschäftsbereichen arbeiten könnten mit zur Verantwortung gezogen werden. Darunter leidet jedoch nicht nur das Image des Unternehmens, sondern auch der Ruf der Privatperson selbst. Dieses Risiko möchten viele Mitarbeiter nicht eingehen. Zusätzlich wird es schwer neue Mitarbeiter für das Unternehmen zu rekrutieren. Durch das schlechte Image werden sich wenig bis keine Bewerber finden lassen und somit auch keine neuen Mitarbeiter für das Unternehmen.

Ein hoher Umsatzverlust kann eine weitere Folge der Skandale sein. Die Geschäftsleitung muss mit dem Verlust von Kunden und Partnern rechnen. Das Image des Unternehmens muss verbessert werden und das Vertrauen in alle Beteiligten muss wieder hergestellt werden. Solange die Geschäftsleitung keinen Wandel vornimmt, muss mit weiteren Verlusten gerechnet werden.

5.4.2 Konsequenzen der externen Stakeholder

Auch 2018 machte der schweizer Nahrungsmittelkonzern wieder durch Skandale auf sich aufmerksam. Über 160 Produkte verschwanden aus den Supermarktregalen der Kette Edeka. Betroffen waren unter anderem Nescafé, Bübchen, Wagner-Pizza, Vittel-Mineralwasser, Thomy-Mayonnaise und Maggi (Bakir, 2018).

Was die großen Unternehmen vorleben, ahmen die kleinen Unternehmen nach. Auch viele kleinere Unternehmen haben die Produkte von Nestlé aus ihrem Sortiment gestrichen.
Sogar eine ganze Gemeinde in Baden-Württemberg hat sich gegen Nestlé gewandt. Die Gemeinde hat ihren Vertrag mit einer Nestlé-Tochterfirma gekündigt und sich für einen regionalen Anbieter entschieden (Ayoub, 2019).

Bemerkbar macht sich hier ein großer Verlust an Kooperationspartnern. Die Partner distanzieren sich von dem schweizer Unternehmen, da sie mit der Wertevorstellung nicht konform sind. Auch am Umsatz macht sich der Wandel bemerkbar, da der Endverbraucher weniger Nestlé-Produkte kauft. Die Endverbraucher selbst können darüber entscheiden, ob sie weiterhin Nestlé-Produkte erwerben möchten. Ein Boycott der Endverbraucher ist jedoch nicht wegzudenken. Dies würde den Umsatz des Konzerns weiter senken.

6   Literaturverzeichnis

Ayoub, Nadja (2019): Nestlé-Boykott. Wie sich eine kleine Gemeinde gegen den Konzern wehrt. In: *Utopia*, 11.01.2019. Online verfügbar unter https://utopia.de/nestle-boykott-wie-sich-eine-kleine-gemeinde-gegen-den-konzern-wehrt-110141/, zuletzt geprüft am 30.12.2021.

Bakir, Daniel (2018): Nestlé-Boykott. Warum Edeka Nescafé und Co aus dem Sortiment nimmt. In: *STERN.de*, 19.02.2018. Online verfügbar unter https://www.stern.de/wirtschaft/news/nestl%C3%A9-boykott--warum-edeka-nescaf%C3%A9-und-co-aus-dem-sortiment-nimmt-7869286.html, zuletzt geprüft am 30.12.2021.

Evolutionizer (2014): Change Management I Kotters 8-Stufen-Modell. Online verfügbar unter https://www.evolutionizer.com/blog/change-management-kotters-8-stufen-modell, zuletzt aktualisiert am 28.12.2021, zuletzt geprüft am 28.12.2021.

Experte für Persönlichkeits- & Team-Architektur (2019): Nestlé. Unternehmens-Werte entwertet. Gewinn-Maximierung fortschreitend. - Experte für Persönlichkeits- & Team-Architektur. Online verfügbar unter https://das-felix-prinzip.com/nestle-unternehmenswerte-entwertet-gewinn-maximierung-fortschreitend/, zuletzt aktualisiert am 26.11.2019+00:00, zuletzt geprüft am 30.12.2021.

Grimm, Katharina (2015): Nestlé. Die Skandale der vergangenen Jahre. In: *STERN.de*, 29.09.2015. Online verfügbar unter https://www.stern.de/wirtschaft/news/nestl%C3%A9--die-skandale-der-vergangenen-jahre-6475346.html, zuletzt geprüft am 30.12.2021.

Haake, Klaus; Seiler, Willi (2012): Strategie-Workshop. In fünf Schritten zur erfolgreichen Unternehmensstrategie. 2., überarb. und aktualisierte Aufl. Stuttgart: Schäffer-Poeschel.

Handelsblatt (2019): Nestlé-Kritik & Wasser-Skandal. Was ist so schlimm an Nestlé? In: *Handelsblatt*, 05.10.2019. Online verfügbar unter https://www.handelsblatt.com/unternehmen/handel-konsumgueter/lebensmittelkonzern-warum-nestle-so-unbeliebt-ist/26287122.html?ticket=ST-10935180-sVgEDT7Jc9Sm3NdMWgll-cas01.example.org, zuletzt geprüft am 30.12.2021.

Kreikebaum, Hartmut; Gilbert, Dirk Ulrich; Behnam, Michael (2018): Strategisches Management. 8., überarbeitete Auflage. Stuttgart: Verlag W. Kohlhammer. Online verfügbar unter https://ebookcentral.proquest.com/lib/gbv/detail.action?docID=5332778.

Liebrich, Silvia; Pfaff, Isabel (2019): Gigant der Skandale. In: *Süddeutsche Zeitung*, 06.06.2019. Online verfügbar unter https://www.sueddeutsche.de/politik/nestle-gigant-der-skandale-1.4477635, zuletzt geprüft am 30.12.2021.

Mahnke, Volker; Rasner, Carsten; Venzin, Markus (2010): Der Strategieprozess. Praxishandbuch zur Umsetzung im Unternehmen. 2., 2. überarbeitete Aufl. Aufl. Frankfurt am Main: Campus Verlag GmbH (Business 2010). Online verfügbar unter http://search.ebscohost.com/login.aspx?direct=true&scope=site&db=nlebk&db=nlabk&AN=836288.

Mayer, Thomas-Ludwig (2011): Advanced project management. Herausforderungen - Praxiserfahrungen - Perspektiven. 2. Aufl. Berlin: Lit (Advanced project management, 1.2008).

Nestlé (2021a): Die Nestlé Unternehmensgrundsätze. Online verfügbar unter https://www.nestle.de/unternehmen/grundsaetze/nestle-unternehmensgrundsaetze, zuletzt aktualisiert am 29.12.2021, zuletzt geprüft am 30.12.2021.

Nestlé (2021b): Was sagt Nestlé zu dem kritischen Dokumentarfilm „Bottled Life"? Online verfügbar unter https://www.nestle.de/frag-nestle/wasser/film-bottled-life, zuletzt aktualisiert am 29.12.2021, zuletzt geprüft am 30.12.2021.

Schmutte, Andre M.; Schuller, Susanne (2017): Change Management – Den unternehmerischen Wandel meistern: Springer Fachmedien Wiesbaden (Managemententscheidungen).

W-film Distribution (2012): über den Film - Bottled Life. Online verfügbar unter https://www.bottledlifefilm.com/%C3%BCber-den-film#geschichte, zuletzt aktualisiert am 30.12.2021, zuletzt geprüft am 30.12.2021.

7 Abbildungs- und Tabellenverzeichnis

7.1 Abbildungsverzeichnis

7.2 Tabellenverzeichnis